JN409114

정원의 속삭임

나연 김 옥 희 시집

다솜출판사

시집을 내며

두 번째 시집 『스치는 바람이어도』를 상재한 후, 2년 만에 세 번째 시집 『정원의 속삭임』을 상재하게 된 것은 나의 젊은 시절 꽃과 함께하는 삶을 보여주신 친정어머니와 메모하는 습관을 가르쳐 주신 하늘나라에 계신 아버지의 덕분입니다.

꽃을 좋아하고 사랑하는 내게 생명의 소중함을 일깨우는 정원, 이른 새벽부터 찾아오는 새들의 청아한 노래에 잠을 깨어 옥상에 만들어 놓은 정원으로 오르면 석포성당에서 두 팔 벌려 축복해 주시는 주님의 모습을 보며, 그 분의 품 안에서 정원의 꽃들과 함께 기쁘게 하루를 시작합니다.

봄이 오는 길목에서 홍매화가 꽃망울을 터뜨리면 벌들의 날갯짓은 위협이 되기도 하지만 함께 더불어 살아가는 세상의 이치를 깨우치게 합니다.

작은 풀꽃 하나에서 우주의 신비와 생명의 소중함을 간직하고 있는 정원은 이 지구의 자연을 축소해 놓은 듯하여, 우리에게 많은 것을 보여주고 느끼게 합니다.

홍매화를 시작으로 개나리, 복숭아꽃, 앵두꽃, 등나무꽃, 붓꽃, 딸기꽃, 꽃잔디, 하얀 찔레꽃, 패랭이꽃, 장미, 금계국, 불두화, 수선화, 초롱꽃, 백합, 수국 등 형형색색의 아름다운 꽃들이 봄, 여름, 가을에 집 안팎에서 피고 지며, 꽃 축제를 엽니다.

꽃을 가꾸고 보는 것은 계절의 아름다운 순간을 즐기는 좋은 방법입니다. 계절에 따라 피어나는 꽃과 매혹적인 향기는 우리에게 더 큰 즐거움을 줍니다.

16세기 영국의 프랜시스 베이컨(Francis Bacon)은 철학자이기도 하지만 유능한 정원사였다고 전해집니다. 그는 자신의 정원에서 사계절 식물과 함께하며 에세이를 썼는데 마치 오늘날을 예측한 듯한 문구가 있어 지금도 많이 인용됩니다.

"신은 맨 처음 정원을 만들었다. 그리고 정원은 인간의 가장 순수한 즐거움이 되었다. 정원은 인간의 정신세계를 정화시키는 장소다. 사람들은 문명과 우아함을 좇아 정원이 없는 건물과 궁전을 견고히 짓지만 결국 우리는 정원을 다시 만들게 될 것이다. 정원이야말로 가장 위대한 완성이기 때문이다."라고 말했다.

우리는 베이컨이 예측했던 상황보다 훨씬 열악한 환경 속에서 정원을 갈망하고 있습니다. 옥상과 마당의 정원에서 꽃을 가꾸며 "나도 아름답지만 너는 더 아름답다. 너는 나의 친구다." 라고 말한다. "세상의 모든 꽃은 어디에서든 당신을 보면 웃고 있다."고 서로의 속마음을 나누며 귀중한 시심詩心을 가지게 됩니다.

추수꾼이 곡식을 거두어들이듯이 정원에서 꽃들과의 속삭임을 이번 시집에 담았습니다. 시집이 나오기까지 편집과 교정을 봐준 나의 영원한 동반자 가브리엘과 발문을 쾌히 승락해 주신 최원철 교수님께 감사를 드립니다. 『정원의 속삭임』은 중단되는 일 없이 계속될 것이며, 가족들과도 사랑을 속삭이며 아름다운 동행을 할 것입니다.

2022년 6월 25일

광안대교가 바라보이는 옥상 정원에서
나연(拏姸) **김옥희 유리안나**

차례

시집을 내며 / 1

제1장
아름다운 사람

하루를 시작하며 / 11
부부의 향기 / 12
커피 잔에 사랑을 담고 / 13
부부2 / 14
호칭 / 15
앵두 / 16
들꽃 같은 인생 / 17
함께 가는 길 / 18
부부의 날에 / 19
겨울비 내리는 날 / 20
양귀비처럼 / 21
삶의 여행 / 22
아름다운 사람 / 24
아름다운 여정 / 25
캠퍼스 커플 / 26

제2장

정원의 속삭임

겨울과 봄의 교차로 / 29
꽃잎 속에 숨은 사랑 / 30
봄 화초의 꿈 / 32
새싹 / 34
입양 / 35
별꽃 / 36
민들레 홀씨 / 37
정원의 속삭임 / 38
봄바람 불던 날 / 39
바라만 봐도 / 40
찔레꽃처럼 / 41
찔레꽃 사랑 / 42
향기 / 43
모닝커피 / 44
서열의 행태 / 45
기운 잃은 텃밭 / 46
장맛비에 / 47
폭염2 / 48
국화꽃을 피우며 / 49
못난이 손 / 50
외래종 / 51

제3장

아름다운 동행

10월 장미 / 55
시집살이 / 56
흔적 / 58
머릿속 지우개 / 59
아름다운 동행 / 60
스마트폰 / 61
시어머니의 암 선고 / 62
바다에 서면 / 64
찬바람이 불면 / 65
어머니 생신 / 66
끊어진 전화 / 67
파도 소리 / 68
갯벌 / 69
냉이꽃 / 70
재개발의 꿈은 사라지고 / 71
무화과나무의 죽음 / 72

제4장

자화상

자화상 / 85
미소 천사 / 86
흐르는 물처럼 / 87
이불 / 88
바람 부는 날 / 89
불면의 밤 / 90
선線을 만드는 점點 / 91
옷이 날개다 / 92
양파 / 93
숲길 / 94
비 내리는 날 / 95
가을인가 보다 / 96
벤치에 앉아 / 97
가을 소나기 / 98
욕심 내려놓기 / 100
겨울로 가는 길에서 / 101
되돌릴 수 없는 세월 / 102
침묵과 희망 / 103
통증3 / 104
홀로서기 / 105
흐르는 별의 꿈 / 106

제5장

얼어붙은 지구촌

얼어붙은 지구촌 / 109
경자년庚子年을 보내며 / 110
겨울을 보내는 봄비 / 111
봄 길 / 112
잎새의 노래 / 113
방콕 하는 여름 / 114
광안리 바닷가 / 115
태풍이 온다는데 / 116
가을날에 / 117
코로나가 가져온 일상 / 118
발열 체크 / 119
아름다운 미사 / 120
호수에 핀 물안개 / 121
광야에서 / 122
노래 교실에서 / 123

▌발문▐

속삭임이 만들어 내는 사랑의 랩소디 Rhapsody / 124
-김옥희 시인의 제3시집 『정원의 속삭임』 을 읽고-

제 1 장

아름다운 사람

하루를 시작하며

눈을 뜨면
어제와 다른 하루를 열며
부활의 아침을 맞습니다

동창東窓으로 들어오는
따뜻한 햇볕이 얼굴을 간질일 때
살아 있음을 느끼는 아침입니다

모닝커피 한 잔
그대와 사랑을 섞어 마시며
내게 주어진 하루를 시작합니다

하루가 길지 않다는 걸 알고
시간을 쪼개어 아껴 쓰며
다시 오지 않을 오늘에 충실합니다

부부의 향기

삶이 행복하고 아름다운 건
부부간 사랑의 신뢰가 있기 때문
부부의 향기를 잃어버린 삶은 불행하다

신의 섭리攝理로 맺어진 우리
허물과 흠집은 덮어 주고
힘들고 고달플 때는
인내로 견디며 살아왔다

신혼 시절,
깨소금 향기 뿜던 부부
잉꼬 부부, 닭살 부부 소리를 들었지만
황혼에 접어든 지금은 어떤 향기가 날까

신앙 안에서
한마음 한몸으로
같은 믿음에서 하나가 되어 익어왔기에
예수님 닮은 아름다운 향기가 이채롭다

커피 잔에 사랑을 담고

하루를 시작하며 마시는 커피 한 잔
불안을 잠재우고
새날의 열정을 북돋운다

창가에 파고드는 햇살과
실내에 울리는 노랫소리
찻잔에 넣어 삶의 향내를 음미한다

한 잔의 커피 속에
따뜻한 그대의 눈빛, 입술을 그리며
사랑의 향기에 취한다

오늘도 창가에 앉아
가을 햇살 그윽한 민트향 커피를 마시며
아름다운 사랑을 엮는다

부부2

당신과 나
살아온 세월
눈빛으로 말하고 마음으로 읽는다

가까운 듯 멀고
먼 듯 가까운 사이
일심동체一心同體의 삶이란 무엇일까

떼어놓으려 해도
떼어놓을 수 없는
하느님의 은혜로 맺어진 우리

사는 날 동안 감사하며
기뻐하는 생활에서
둘이 함께 눈 감을 수 있다면
복되고 아름다운 삶이 아닐까

호칭

우린
처음에 세례명으로 불렀지
당신은 가브리엘
난 유리안나

딸아이를 낳고서
아이 이름에 덧붙여
아빠란 호칭으로 불린 당신

신혼 시절부터
자기라는 말은 쉽게 하면서도
여보라는 말은 한 번도 부르지 못한
당신과 나

죽기 전에 자연스럽게
여보라고 부를 수 있을지
때에 따라 변하는 호칭인데
왜 이리 부끄러운지…

앵두

이른 봄에
햇살과 사랑을 나눈 후
주렁주렁 열매를 맺었다

입술을 도둑맞은 지
어느새
사십 년이 지났다

알알이 영근 앵두
한 움큼 따 입에 물고
당신의 체취를 느낀다

흐르는 세월 속에
익어가는
붉은 빛의 몸과 마음

들꽃 같은 인생

이른 잠을 새소리에 깨어
편백나무 숲길에서
코끝에 와 닿는 짙은 신선한 냄새에
마음이 즐거워졌다

안개가 피어오르는 산길에
갖가지 야생화가 피어 있지만
풀숲에 숨어 잘 보이지 않는 들꽃이
나의 눈길을 훔쳤다

산길을 따라
들꽃 같은 나의 생을 나누며
둘이서 걷는 새벽 산길이 마냥 기뻤다

중년의 주름진 나이테가 젊음을 앗아갔지만
화려함보다는 은은한 향기 지닌 들꽃같이
후회 없이 살려고
두 손 꼭 잡고 길을 걷는다

함께 가는 길

눈빛을 보노라면
마음을 읽고
이야기꽃을 피울 수 있어
외롭지 않습니다

쓰러질까 두려움에 버팀목이 되고
힘들어 주저앉을 때
손 내밀어 준 당신

한 조각의 붉은 마음이라도
곱게 간직해
당신에게 드리고 싶은 이 마음
행복해집니다

사막이나 가시밭길 함께 걸어도
외롭지 않고 슬프지 않음은
당신이 나와 함께 걷기 때문입니다

부부의 날에

처음 만난 날이
어제같이 훌쩍 지나간
사십 년의 세월

부부의 날을 맞아
모처럼 찾은 바닷가
파도가 쉴 새 없이 모래사장을 애무하듯
나이도 잊은 스킨십에 시간이 거꾸로 흐른다

윈드서핑을 즐기는 사람들은 파도를 타고
우리도 오늘만큼은
거리 두기를 거부한다

방갈로에서
한 잔의 커피와 케이크의 달콤함이
신혼여행에서의 사랑을 느끼게 한다

겨울비 내리는 날

비를 맞으며
하염없이 걸어 봐도
텅 빈 가슴을 채울 수 없다

비에 젖어 벌거벗은 채
서 있는 나무
내 마음을 아는 듯
눈물처럼 빗물이 흘러내린다

비 그치기 전
그리운 임이 오신다면
빈 마음을 기쁨으로 채우겠지

아무리 비가 내려도
임과 함께라면
봄으로 가는 길목에는
외로움이 살지 않는다

양귀비처럼

바람결에 흐느적거려도
미소 가득 머금은
고혹적인 그대 모습

불타오르는 속살을 드러내며
관능적인 춤을 추는 화려한 자태에
마음이 사로잡히지 않을 사람이 어디 있을까

미인 박명薄命하고
아름다운 꽃은 시든다는 말
마음의 위안으로 삼으며
양귀비처럼
사랑받고 살아온 세월

그 어느 것을 본다한들 부럽지 않다

삶의 여행

태어나서부터
여행이 시작된다

부모님 손잡고 시작한 여행
친구들과 소중한 꿈을 키우며 여행을 한다

영원한 동반자와 함께
인생 열차를 타고 신혼여행을 출발한다

그렇지만 언젠가는
사랑하는 가족을 뒤로한 채
혼자서 외로운 여행을 떠나야 한다

마지막 나의 여행을 떠나기 전
딸도 좋은 짝을 만나 10년 동안
귀여운 손녀 둘과 함께 즐거움만 가득하다

찰나의 순간이 하루가 되는 오늘
흐르는 시냇물처럼 서두르지 않고
행복의 나래를 펴 본다

아름다운 사람

잠시 스치는 인연이라도
헤어질 때
마지막 모습이 아름답고 싶다

강물처럼 흐르는 세월에
예쁜 기억을 띄우고
추억을 디듬으면
아픔보다 그리움이 생각나겠지

시작과 끝이 좋으면
더 이상 바랄 것 없는
행복한 일이 아닐까?

우리 서로 잊힐 그 날까지
행복을 나눠주는
아름다운 사람으로 남고 싶다

아름다운 여정

당신과 나의 그림畵 속에
아름다운 여정의 시詩가 있다

나의 거울이 그대가 되었고
서로의 그림자도 되어가는
인생의 길동무

아름다운 동행에서
바람이 불어도 함께라서 좋다

신이 주신 소중한 축복
벽옥혼식碧玉婚式 기념일에
금혼식, 회혼식을 꿈꿔본다

죽어서도 같이 있고 싶어
부부 납골당을 분양받았지만
일상에서 벗어나려는
우리의 여행은 아직 끝나지 않았다

캠퍼스 커플

젊은 시절
보육음악을 전공했는데
C.C.*가 꿈이었다는 남편의 소원을 듣고
한국방송통신대학교 국문학과에 입학했다

인생 후반기
모든 걸 포기할 나이에
부부 함께 새 출발에 기쁨이 충만하다

코로나19covid-19로 인해
대면 수업을 못하고
종일 화상강의로 듣느라
그날 밤은 가벼운 몸살 기운을 느꼈다

모든 일엔 때가 있다지만
시인으로서 참 좋은 몫을 택했고
졸업 때까지 캠퍼스 커플로 만끽할 것이다

*C.C. : 캠퍼스 커플(Campus Couple)

제 2 장

정원의 속삭임

겨울과 봄의 교차로

겨울나무가 아직 추위에 떨고 있을 때
홍매화는 겨우내 품고 있던
꽃망울을 터트려 봄의 발길을 붙잡는다

동장군이 자취를 감추면
옥상의 매화는 따스한 봄 햇살에
활짝 피어 향기를 분분히 날린다

코로나로 얼어붙은 내 마음에
봄바람에 실려 온 매화 향기가
희망의 활력을 불러일으키고 있다

겨울이 가고 봄이 오는
자연의 섭리는 올해도 여지없이
집 안팎의 매화꽃들이 먼저 알려 준다

꽃잎 속에 숨은 사랑

꽃이 좋아
온 집안을 꽃밭으로 만들었다

지난해 꺾꽂이한 수국
여러 색깔의 고운 빛깔로 태어났다

젊은 날엔 지나쳤던 수국
나이 들수록 탐스럽고
예쁘게 보이는 것은 왜일까?

들꽃도 스스로 피는 듯하지만
보이지 않는 이의 손길에서
화려하고 소담스럽게 핀다

힘들고 아파 누워 있어도
꽃을 보면 힘이 나고
마음이 평화롭다

나는 창밖을 내다보며
자연에서 피고 지는
꽃잎 속에 숨어 있는 생명의 기적을 느끼고
배려와 나눔의 사랑을 읽는다

봄 화초의 꿈

한 알의 씨앗이 썩어야
새싹이 돋아나듯
가녀린 식물에서 삶을 배운다

한겨울에 얼어 버린 땅을 보고
모든 게 죽었다고 생각하지만
봄이 되면
또다시 꿈틀대는 생명이 있어
파릇파릇 새싹이 얼굴을 내민다

오늘도
새싹에게 물을 주며
싱싱하게 자라서
꽃을 피워
아름다운 향기를 뿜어달라고 기원을 한다

겨울이 오면
월동 준비에 바쁘겠지만
화초처럼
내 인생의 꿈을 키운다

새싹

흙을 뚫고 올라와
고개를 빼꼼히 내민 새싹들
무엇을 살피러 나왔을까

땅은 온기를 품고 토해 내는 아지랑이
찻잔에서 나오는 그리움의 향내 되어
전신에 스며든다

온 들판은 연둣빛으로 물들고
질긴 생명체들이 깨어나
계절의 마당을 손질하기 바쁘다

자연을 노래하며 일구는 텃밭
무엇을 심을까
작은 기쁨을 심을까
노곤한 봄의 꿈을 꾼다

입양

버림받은 작은 꽃
집으로 데려와 정원에 심으면
다른 꽃들과 어울려 외롭지 않다

버려져 질고疾苦 속에서 고통으로 피는
한 송이 꽃
얼마나 외로웠을까

세상에 얼굴을 내밀었지만
슬픔만이 꽃잎마다 맺히기만 해
한탄만 커지기만 했으리라

새 가족의 품에서 곱게 맺어지는
어린아이들
까맣고 또렷한 눈동자가 밤하늘을 비춘다

별꽃

밤사이
나의 정원을 기웃거리던 별
하얀 꽃으로 내린다

자세히 봐야 보이는
작은 꽃이지만
밤새껏
내 마음을 하얗게 물들이고 있었다

화려하고 큰 것만 꿈꾸던 지난 날
욕망에 가려 보이지 않던
작은 것들
부끄러움이 엄습한다

지치고 힘든 이웃들에게
작은 충실로
하얀 별꽃 되어 곱게 내리고 싶다

민들레 홀씨

하얗게 핀 민들레 홀씨
따사로운 햇살을 받으며
바람을 타고 날아간다

어디로 가는지 알 수 없이
살아가는 인생길에 원망이 없다

누구에게 작은 도움이 되기 위해
하늘을 날아가며
기도드리고 또다시 홀씨 되어 길을 떠난다

이 세상에 보내신 분의 뜻에 따라
민들레 홀씨같이
믿음의 씨앗을 퍼뜨리며 살고 싶다

정원의 속삭임

나 자신의 고요한 정원에서
수많은 꽃들과 교감하며
고독과 슬픔이 다가와도
경이와 기쁨 속으로 빠져든다

나무나 꽃들과 대화를 하면
새들이 찾아와 엿듣는 속삭임
그들의 모습을 시詩로 엮어내어
노래를 부른다

찬바람 불어와 가지를 흔들면
곱게 핀 꽃잎을 서럽게 떨어뜨리고
단풍으로 채색된 나뭇잎도
낙엽이 되어 계절의 뒤안길로 사라지면서
내년을 기약하는 희망을 버리지 말라고 한다

꽃처럼 예쁘게 자란 손녀
대를 이어 꽃밭을 지키며 속삭이는 모습이
대견하고 아름답다

봄바람 불던 날

부케 닮은 탐스러운 꽃
왕벚꽃으로 피워 뽐내던 날
꽃샘추위가 시샘을 한다

겨울도 아닌데
봄바람에 떨고 있던 꽃잎들
꽃샘바람 타고 꽃비 되어 내린다

떨어지면서 살며시 다가온 벚꽃은
바람 잘 날 없는 내 마음을 아는지
마음속 깊이 파고들어 어루만진다

모진 봄바람에 쓰러지는 꽃잎을
애잔한 맘으로 바라보며
잃었던 활력을 되찾고
환한 미소를 보낸다

바라만 봐도

수년 동안
옥상 화분에 갇혀 지내던
복숭아나무를 정원으로 옮겼다

식목 후 물을 뿌려주면
단비를 만난 듯 정원의 나무는
환한 미소를 지으며
복숭아꽃을 피운다

코로나바이러스로 힘겨운 시대
서로가 한 그루 복숭아꽃 같은 존재가 된다면
바라만 봐도 기분 좋은 사람으로
넌지시 쳐다보게 된다

찔레꽃처럼

밤새 비 내리고
바람도 세차게 시샘을 하는지
가녀린 줄기에 맡긴 몸
몸살 하던 찔레가 하얀 얼굴을 내밀었다

푸른 잎과 가시 사이에
달콤한 향기를 풍기는 앙증맞은 얼굴이
첫 키스해 줄 벌들에게 눈짓을 한다

소박하고 은은한 향기에 홀린 벌이
주위 시선은 전혀 의식하지 않은 채
하얀 꽃잎 속의 노란 수술에 입맞춤을 한다

찔레꽃처럼 활짝 핀 아이들의 얼굴에
어른들은 사랑의 입맞춤을 하며
공동체를 이루어 살고 있다

찔레꽃 사랑

맑은 하늘 아래
하얀 눈꽃이 뿌려진 것 같은
오월의 덤불이 무성하다

하얀 드레스 입고
은은한 향기를 뿜으며
속살까지 보여주는 작은 꽃

순결한 향기에
이 꽃 저 꽃 찾아다니는 꿀벌들
노란 꽃술에 입맞춤하기 바쁘다

푸른 잎새 속에 가시를 감추고
수줍음을 품은 하얀 찔레꽃
단아한 자태로
그리운 임을 기다리고 있다

향기

꽃향기와
나무 향기에 둘러싸인 우리
어떤 향기 풍기며 살아가야 할까?

보이지 않아도
마음을 기쁘게 하는 향기香氣
내가 풍길 수 있다면 얼마나 좋을까

꽃향기에 이끌리는 벌·나비같이
좋은 향기 찾아 나선
나

인위적인 향수가 아닌
그리스도의 향기를 뿜어내는 사람 되려
남을 위한 희생의 향기를 찾아 나선다

모닝커피

홀로 다소곳이 창가에 앉아
유리창으로 들어오는 정원을 본다

햇살에 활짝 핀 꽃송이
입술로 꽃잎에 입맞춤하면
전신에 퍼지는 고혹적인 향기가 가득해 진다

네가 하얀 크림을 입술에 묻히고
내 혀에 잡혀 부딪치고 비틀리고
목덜미를 타고 가슴 깊이 들어왔구나

은은한 꽃향기를 기억하며
주고받던 마음
그때가 그립다

서열의 행태

옥상 텃밭에서 모이 쪼며 놀던 새
문 여는 소리에 놀라
푸드덕거리며 달아난다

음식 찌꺼기 말리려 올라간 옥상
까마귀, 비둘기가 먹고 간 밥상에
서열이 있어 참새떼가 조심스레 접근한다

명예, 권력, 금전이 날개를 달아
서열을 만들어
삶을 치열하게 한다

마지막 길에 서서 돌아보면
허무한 것뿐인데도
인간의 탈을 쓰고
왜 이리 사는 건지 생각이 복잡하다

기운 잃은 텃밭

코비드19에 무기력한 방역에다
지난겨울 혹한과
올해 여름 불볕더위는
텃밭 농사를 멈추게 했다

초록빛 싱그러운 텃밭은
옥상 열기로 무늬만 초록이고
과실은 예년만큼 맺지 못했다

폭염 아래 무기력한 여름은
기운을 잃게 하고
마음의 텃밭조차 건조해 간다

아무리 애정을 쏟아부어도 소용이 없어
올가을에는 분갈이로
영양분도 주고 사랑도 듬뿍 주면
내년의 텃밭은 풍성하겠지

장맛비에

연이어 내리던 비에
새들의 지저귐이
잠시 물러나 있는 오후

궂은비에 꽃잎을 떨구지만
풀잎은 싱그럽게 고개를 든다

빨랫줄 위에 빨래집게들이 앉아 놀고
며칠 째 손님을 보지 못한 바지랑대는
바람에 비틀거리며 빗물을 흘려보낸다

밝은 햇살이 내리는 날을 기다리는
빨래집게와 바지랑대
나에게 손짓하며 미소짓는다

내일을 기다리며
지쳐 있는 나
오늘은 바지랑대가 되어
희망으로 버티고 있다

폭염2

시간의 흐름마저 멈추게 하는 열기
벗을 수 없는 털옷으로 무장된 짱이*
헉헉대는 숨결이 안타깝다

햇볕 뜨거운 개집이나
산나리가 한창인 화분에도
축 쳐진 무화과 잎에도
생명의 물을 뿌려준다

남을 위해 줄 수 있는 마음이 생명과 이어져
별것 아닌 일에도 뿌듯한 가슴
하루 종일 기쁘다

사람도 꽃도 나무도
폭염 속에서
가을을 기다린다

*짱이 : 마당에서 키우는 진돗개 잡종

국화꽃을 피우며

국화꽃 소담스럽게 피우려
봄부터 김매고 물 주어
내내 지극정성을 다했다

옥상 텃밭에
형형색색으로 치장을 하며
꽃들이 환하게 웃으며 자태를 뽐내고 있다

간혹 돌보지 않고 내버려둬도
늘 그 자리에서 침묵하며 기다려 준
자식 같은 꽃들이 내게 미소를 짓는다

내년에도
한결같이 꽃을 가꾸어
희망을 잃어버린 이들에게
기쁨을 주고 싶다

못난이 손

꽃을 가꿀 때
맨손으로 흙속을 넘나들면
자연스럽게 화분 수가 늘어난다

여자이기를 포기한 거칠어진 손을 보고
남편은 마음에 걸렸는지
장갑을 끼고 일하라고 한다

꽃과 함께한 세월
시름도 잊고
아픔도 애써 참아내며
정원과 텃밭을 오가면서 생명을 키워낸 손
왜 이리 못난 손이 되었는지
쓸쓸한 마음이
가을바람처럼 다가온다

외래종

햇살 따스한 봄날
촉촉한 땅에 새순 틔우는
여러해살이풀

번식력 강한 뿌리로
다른 식물의 성장을 막고
옥상의 텃밭을 점령하고 있다

풀꽃을 보고도 뽑지 못한
나 자신을 탓해 보던 날

외래종 풀이란 한마디에
뿌리째 뽑아내는 아픔과 지친 몸
가눌 길 없다

제 3 장

아름다운 동행

10월 장미

시월에 떠난 이가
아직도 그리움 속에 살고
때늦게 피는 붉은 장미에 마음이 시려온다

시들까 봐
물을 주며 보살필 때
붉게 물든 얼굴이 애처롭게 쳐다본다

장미 향기가 마지막 호흡처럼
내 마음 깊은 곳에서
숨 가쁘게 맴돌고 있다

별이 되어 반짝인지 어언 18년
장미처럼 피어나는 요셉 신부님
오늘은 더욱더 그리움이 쌓인다

시집살이

꽃다운 나이에
한 남자의 아내 되어
홀시어머니 모시고 산 세월이
친정 부모와 함께한 날보다 길다

40여년을 함께하며
미운 정 고운 정이
얼었다가 녹기를 거듭한다

며느리에서
시어머니가 된 지도
십오 년이 되었으나
시집살이 여전하다

노인성 건망증인지 치매인지
보물찾기 놀이도 하고
하루에도 반복되는 물음에
몸도 지치고 가슴은 멍든다

아직도 배어 있는 여인의 굴레
언젠가 말끔히 벗을 수 있을지
세월이 빨리 흘러가도
변치 않는 여인의 길

흔적

어머니의 방 한쪽 벽에는
증손녀 · 증손자들의 모습들이
도토리 키 재기 식으로 도배되어 있다

삶의 자국마다
함께한 아이들의 성장 기록이
낙서 아닌 낙서처럼 장식되어 있다

세월이 주름살 안에 숨어
집착할 것도 없는 추억들을
빛바랜 낙서 속에서 찾는다

함께하던 어린 시절
커 가면서 시간의 간격이 벌어지고
행복한 추억은 여운으로 남아 있다

머릿속 지우개

고운 정 미운 정 쌓여
살만하다고 느낄 즈음에
시어머니의 지우개가 말썽이다

조금 전의 행적은 감감
옛 기억은 잘 지워지지 않는지
말문이 터지면 옛이야기를 한다

묻고 또 묻는 말에
짜증 섞인 말 한마디 던지면
모르는 분노를 내게 퍼붓는다

욕을 실컷 먹어도
시어머니의 머릿속 지우개로
분노만은 지우면 좋으련만
사는 게 참 힘든 나날이다

아름다운 동행

신의 섭리로 만난 사람
많은 세월 동안
아름다운 동행을 하고 있다

굳은 믿음과 사랑으로 결속된
시간들
아직도 변함이 없다

결혼하기 한 해 전
홀로 되신 시어머니의 외로움은
새 생명의 출생으로 치유되었다

노인성 치매로
최근의 기억을 못하시는 시어머니
아름다운 동행으로 길을 가고자 한다

스마트폰

미워할 수도 발을 뺄 수도 없어
눈뜨면 가장 먼저
내 삶을 빼앗아 간
너를 찾는다

너 없이도 잘 살아왔는데
요즘은 밤에도 발치에 둬야 잠들 수 있어
헤어질 수 없다

네가 보이지 않거나 잃어버리면
친구를 잃은 듯 불안하고 허전하지만
함께하면 마음이 편안해진다

내 삶의 동반자요 길잡이인
네가 없는 일상은 상상할 수도 없고
잃는 것보다 얻는 게 많아
네 손에 잡혀 살아도 어쩔 수 없다

시어머니의 암 선고

평소 건강하시던 시어머니
병원에 입원한 지 이틀 만에
난소암 3기라는 판명을 받아
미수米壽에 수술대에 오르셨다

수술실에 들어가면서도
영문을 몰라 하시던 시어머니
차라리 기억을 못하시는 게
마음 편하리라 생각이 든다

치매로 상처받지 않으려
거리 두기를 심하게 하고
되풀이되는 물음에 짜증을 부린
나의 죄책감이 꿈틀거린다

42년간 미운 정 고운 정 들고
최근엔 치매 때문에 욕을 잘 하셔서
정情 떼려나 하며 미워도 했는데
어찌해야 하나?

함께한 추억 떠올리며
삶이 끝나는 날까지
십자가를 짊어진 마음으로
못다 한 사랑을 베풀어야겠다

바다에 서면

바다에는
내 마음속에 자리 잡고 있는
그리운 이의 얼굴이 있다

망망대해에 몸을 맡기고
외로움도 사치라 여기며
올곧은 삶을 살아오신 분

바다가 고향 같다고 하던
내 어린 시절의 아버지의 다정한 음성이
들린다

바다에 서면
뱃고동 소리가 들려올 때
아버지의 얼굴이 떠오른다

찬바람이 불면

초겨울에
홀연히 떠나신 분
찬바람이 불면 생각난다

세상의 방방곡곡을
두루 다녀도 유혹을 물리치시고
청렴결백을 실천하신 분

세상의 즐거움도 멀리하고
오직 육지와 바다를 오가며
외로움과 벗하며 사셨던 분

찬바람이 불어오는 날이면
보고 싶은 마음에
그리움이 날개를 단다

오, 보고 싶은 내 아버지!

어머니 생신

흩어져 사는 오 남매가
어머니 생신을 축하하러
고향집에 모였다

매일 아침이 되면 자명종처럼
사랑의 전화를 해 주시는 어머니
그 깊고 크신 사랑에
보고픈 마음이 그리움으로 사무친다

생신 축하 후
아버지 산소가 있는 선산을 둘러보고
내가 태어난 옛집을 찾아갔다

어린 시절의 추억이 서린 한옥
어머니 품에 안겨 아버지를 그리던
아련한 시절이 어제인 듯
어머니 생신이 또 저물어간다

끊어진 전화

신혼의 단꿈이 서린
고향을 못 잊어
옛 둥지를 찾아간 부모님

소일거리 삼아
선산에 염소도 키우고
행복해 하시던 부모님

아버지 먼저 보내시고
어언 20여 년을 홀로 살며
매일 아침이면 종달새처럼
사랑의 전화하시던 어머니

코로나 팬데믹으로 집콕 하시다가
모처럼 밖으로 나가시다 넘어져
고관절 수술 후 병상 생활하시기에
사랑의 전화가 끊어진 지 오래다

파도 소리

갯바위에 부딪친 파도는
하얀 포말을 뱉으며 죽어가지만
또다시 쉴 새 없이 거품을 물고 달려든다

한 맺힌 가슴속 응어리를 토하는지
닥치는 대로 부딪히며 아우성치는
몸부림

외할아버지를 만나러 현해탄을 건너가신
외할머니
한恨 많은 영혼으로 돌아와
슬픈 울음소리를 내는
이기대 갯바위

파도는
'과거나 죽음에 얽매이지 말고
사랑하는 이와는 헤어지지 말고 살라'고
해변에서 나에게 말하고 있다

갯벌

바다와 육지가 맞닿아 숨 쉬는 곳
오해도 기쁨도 녹아 스며드는
질퍽한 삶

거기에는 고요와 평화가 함께 뒹굴며
뭇 생명이 탄생되는 곳
자연이 내린 축복이고 은혜이다

어린 시절 할머니가 살던 갯벌에서
게를 잡고 조개를 캐던 추억이
지금도 아름답게 외로움을 채운다

먼 후일
지난날의 고운 추억
내 가슴을 갯벌처럼 펼쳐
마음속 깊은 곳에 보관하련다

냉이꽃

밭이나 길가에 오순도순 피어나는
깃 모양의 잎새 사이 봄이 드나든다

얼마나 그립고 사랑했기에
이른 봄 추운 땅을 뚫고 나와
질긴 생명 이어가는 사랑의 냉이꽃

오뉴월 다가오면 하얀 꽃으로
내 마음에 수놓는 언어
'당신께 나의 모든 것을 바칩니다'

냉이의 꽃말처럼 되뇌이며
냉이 국 끓이는 손길은
가족 위해 오늘도 아침 준비에 바쁘다

재개발의 꿈은 사라지고

미래의 청사진에 꿈 많던 지난날
이마엔 내 천川자 머리엔 서리가
긴긴 세월이 흘렀음을 말해 준다

마을에는 젊은이들이 떠나고
고령자들이 늘어나거나
빈집들은 하나 둘 늘어만 가고
아이들의 웃음소리는 사라진지 오래다

정을 나누며 살던 이웃도
서로의 이익을 찾아 줄서기 하느라
어제의 이웃이 오늘의 적이 되었다

그사이 손자손녀를 둔 할머니가 된
나는
가난해도 행복했던 그 시절을 그리워하며
이웃끼리 가족같이 지내던 추억에 젖는다

무화과나무의 죽음

노을이 이랑져 비쳐올 때도
그리움은 끊이지 않는 샘물처럼
솟아나고
맑은 물만 흐른다

태고로부터 흘러내려와
다시 영원의 길로 흘러들어 갈 때까지
인간은 서서히 해체의 길을 걷고 있다

식민지에서 해방되기 전
일본으로 취업하러 간 남편 만나러
어린 두 딸과 현해탄을 건너
다시 돌아오신 외할머니

괴로움이 아무리 많아도
귀하게 생각하며 살아온 고향에는
사랑의 뿌리가 있기 때문이다

뒤돌아보면
오대양 육대주를 누비셨던 아버지가 생각난다

외항선 타고 떠나신
아버지의 자리를 메워주신 분
쩌렁쩌렁한 성격에
남부럽잖은 남자와 같은 외할머니

아버지는 맏딸인 나를 예뻐하셨고
시집갈 때
코끼리 밥솥을 사 주신 일 어제 같다

은퇴하면 입버릇처럼
고향의 향내를 맡으며 살고 싶다던
그 꿈을 이루었지만

경운기 낙마 사고로
한쪽 다리를 잃으시고

뒤이어 뇌출혈로 말문까지 닫아
3년 고생하시다
역사의 뒤안길로 사라지신 아버지

남편은 동생의 대부
성당 미사가 있는 날은
대부를 집으로 데려왔다

마음에 드신 어머니
딸의 짝으로 점찍으시고
양가 상견례에 혼인을 허락했다

창밖에서 새들이 노래할 때
햇볕 받은 나무들이 푸름을 자랑하고
새들의 노래와 꽃향기에 취한 나는
새날을 선물 받아 하루의 문을 연다

무엇이 우리의 사랑을 막을 수 있을까?
욕망과 혼란이 마음을 흔들어 놓는다 해도
영원의 꿈을 꾸는 믿음

달콤하고 향기로운 연애시절
결혼하는 날까지
하루도 빠지지 않고 만남을 이어갔다

남편과 나는
연리지로 하나가 된
드라마의 주인공

끊을 수 없는
영원한 결속으로 한몸이 되어
딸과 아들을 순산하였다

예쁘게 잘 자라준 딸과 아들
가지마다 풍성한 열매를 맺었다

삼십여 년
기쁨과 슬픔을 함께하며
집안의 가목家木으로 살아온 너
무성한 잎을 가졌던 무화과나무
더 이상 볼 수 없는 모습에
가족 잃은 슬픔만큼 눈시울을 적신다

바위틈에서
분홍색 낮 달맞이꽃이
내게 활짝 웃으며 눈길을 주는데
무화과의 넓은 잎은 그늘을 만들고
붉게 타던 속살은 벌과 새들을 유혹했건만
올봄에는 옷도 걸치지 못한 체
추위에 떨다 어둠 속으로 사라져갔다
마음은 서글프고 눈물이 글썽인다

무화과나무가 사라진 빈자리에는
덩굴장미와 찔레가 차지하여

붉은 꽃과 하얀 꽃을 피워 향기를 내뿜고
주눅이 들었던 비파나무도 쑥쑥 자라고 있다

아직 가야 할 길은 먼데
가까이 있는 성당 오르는 길이 숨차다

나이 들어 늘어난 체중에
입으로 내뱉는 언어를 막기 위해 쓸
마스크가 필요하지만
방역 마스크가 대신한다

어느덧
젊은 시절의 모습은 사라지고
걷기도 힘든 아픈 무릎에
내 자신이 놀랐지만
그래도 떨리는 가슴이 있어 행복하다

시아버지와 도련님이 떠난 빈자리
사위와 며느리, 손자 손녀 여섯
한 지붕 아래 4대가 함께하는
은혜로운 가정을 안겨주었다

생生과 사死는 마음대로 안 되지만
오월의 붉은 장미와 하얀 찔레 향기가
분향焚香처럼 슬픈 내 마음을 위로한다

나의 삶 안에는 외할머니가 살아계신다

하얀 머리를 잊을 수 없는 그리움
많은 시간 흘렀어도
또렷해지는 인자함

어린 시절부터 철이 들 때까지
늘 함께였고
대화가 통하는 멋진 분

1978년 세모의 끝자락에
생애 첫 이별의 고통을 겪게 된 나
눈이 붓도록 얼마나 울었던지
캄캄한 하늘에 구름 한 점 없었다

염습殮襲할 때 옆에서 지켜봐도
무섭지 않았다
그 긴 세월 동안
한 번도 꿈에 만나지 못했어도
하얀 파마머리 할머니의 실루엣이
아직도 남아 있다

양산 석계 천주교묘지에서
잠들어 계신 지 39년
해마다 벌초를 하고 기도드렸다

어머니 말씀 따라
세상 밖으로 불러낸 외할머니

하얀 파도에 실어 현해탄 건너
일본에서 잠드신 외할아버지에게
출렁이는 파도에 실어 보내드렸다

외로운 그리움은
이별 후에 오는 아픔이었던가?

희망의 봄과
뜨거운 여름날의 사랑과
꽃보다 아름답던 청춘은
긴 그림자 뒤에 숨어 숨바꼭질한다

단풍이 곱게 물든 나뭇잎이
낙엽 되어 하나둘 떨어지고
겨울바람 소리 애잔할 때
서녘을 곱게 물들인 낙조는 힘없이 몸을 떨군다

씨앗은 죽어야 새순을 틔워 열매를 맺듯
작은 행복이 싹이 틀 때
기쁨과 즐거움이 넘치는 가정
살아 있음을 느끼게 하는 작은 교회와 같다

문틈으로
백마가 달리는 모습을 보듯
삽시간에 지나가는 인생

지나간 모든 일
끝없이 몸부림치며 흘러가는 강물은
큰 소리를 내기도 하고
때때로 작은 속삭임으로
우리의 귓전을 스친다

제 4 장

자화상

자화상

거울 속에는
나의 분신이
언제나 나를 바라보고 있다

기쁠 때는 온화하고
화날 때는 험상궂은 표정을 짓지만
마음 상태에 따라
보이는 게 다가 아니다

거울에 나타나는 겉모습은
하나로 일치할 수 있지만
위선이 아닌 진리를 택하는
나의 참모습을 거울은 알지 못한다

마음을 닦듯 거울을 닦으며
겉모습보다는 마음이 고운
내 모습을 거울에서 만나고 싶다

미소 천사

삶의 기쁨과 행복은
웃는 얼굴에서 피어난다

웃음을 잃어버린 날
블랙홀에 빠져 헤매는 삶

한결같은 웃음으로
미소 천사라 불린 별명이
어슴푸레하게 들린다

우울한 색으로 덧씌워진 마음
어둠을 걷어내고 밝은 색을 입혀
예전의 내 모습을 찾고 싶다

흐르는 물처럼

흐르는 물처럼 정체되지 않고
새로운 길 찾기에 여념이 없는 여정
자연에 순응하며 겸손을 배운다

세우고 또 세우려는
교만으로 가득 찬 내 마음
보다 더 높은 곳을 향해 애써 오른다

낮아지고 낮아져서
흐르는 물이 되어
사랑의 강으로 흐르고 싶다

이불

시집올 때 따라온
부드러운 속성을 지닌 너
살갗에 닿으면
행복을 느끼고 포근한 사랑을 느낀다

아들딸 낳고 살아 온 세월
고통도 기쁨도
너는 알고 있다

간혹 서러움에 겨워 눈물 흘릴 때
너를 덮고 실컷 울면서
잠이 들어 버린 일도 있었지

아침이 되면 모든 걸 잊고
사랑을 품은 너의 가슴 속에서
일어나는 나는
항상 기쁨이 가득한 하루를 시작하고 있다

바람 부는 날

초록이 빛을 더하여
옷매무새를 뽐내는 날
짓궂은 바람이 분다

바람에
속을 보여 부끄러운 나무
애써 평정심을 찾으려 안간힘 쓴다

내 안에 감추어진 것까지
토해내라 재촉한다

부끄러운 건 어쩔 수 없지만
바람 부는 날
밖으로 나가고 싶다

불면의 밤

영혼을 잃은 것 같이
외롭고 잠 못 이루는 밤
한기가 온몸을 휘감는다

갑작스러운 치통은
마음의 빗장을 열고
괴로운 신음을 내뱉게 한다

칠흑 같은 불면의 밤
진통제를 건네는 손이 고마워
감격의 눈물이 볼을 타고 흐른다

따스한 배려와 사랑에
외로운 마음 잠재우고
고통을 잊은 채 잠든다

선線을 만드는 점點

눈 깜짝할 사이
자정子正을 넘겨
다시 어제로 돌아 갈 수 없다

미래를 핑계 삼아
선線을 넘는 무지한 이기심
산산이 부서지는 사랑을 본다

점으로 이루어진 선線
인간은 하루라는 점을 찍어나가며
삶의 연緣을 만든다

선線으로 이어져 있는 시간
공간은 없다
새로운 하루를 낳는다

나는 하나의 점點일 뿐이다

옷이 날개다

옷들이 옷장 안에 갇혀
갑갑한 날들을 보내고 있다

옷들은 고민을 한다
걸맞은 주인을 만났는지
몸 따로 옷 따로 이상한 주인을 만날 건지
숨죽이고 기다려 본다

요즘 거울 속에 비친
걸치고 있는 내 모습
생소하기만 하다

세월과 함께 변하는 몸
선택되지 못한 옷들은 하염없이 눈물만 흘린다

내 마음에 날개를 달아줄 옷에
몸을 맞춰 입고 나가면
꿈을 싣고 저절로 하늘을 난다

양파

겹겹이 속옷으로 무장하고
속내를 드러내지 않는다

숨길 것이 많은지
하얀 겉옷과 속옷을 벗기고 벗겨 본다

얇은 속옷 아래는
관능의 탐스러운 속살이 나타난다

생채기가 많은 지난날
양파 벗기듯 벗겨 내고
순수한 내 모습을 전하고 싶다

숲길

잃어버린 S-라인을 찾겠다는
의지를 불태우기 위해
사람들에게 말했지만
작심삼일이 되지 않을까 두렵다

숲길을 걸은 지 서너 달에
몸은 점점 가벼워지나
얼굴은 아직도 V-라인과 거리가 멀다

숲길을 걸을 때마다
자신을 뽐내는 나무와 꽃들이
나를 부끄럽게 한다

숲의 모습은 사계절 따라 변해도
나의 변화는 더디다
한갓 부질없는 욕심보다
자연의 순리에 따르기로 다짐할 때
어두웠던 마음이 평온하다

비 내리는 날

비가 내리면
수목원의 나뭇잎들이
빗소리에 장단 맞춰
몸을 흔들어 대고
강풍에도 아랑곳없이 생기발랄하다
물레방아도
풍부한 수량水量에 기분이 좋아
쿵덕쿵덕 방아 찧는 소리를 낸다

비 내리는 날에는
몸과 마음이 비에 젖어도
기쁨으로 빗속을 걷고 있다

가을인가 보다

태양이 이글거리던 도심
매미 소리 멈춘 지 오래고
화분 틈새에서 노래하는 풀벌레
벌써 가을인가 보다

가을 햇살이 간지럽히면
꽃무릇은 수줍어서 얼굴 붉히며
고개를 우뚝 내밀고 있다

구름 한 점 없는 파란 하늘
따사로운 햇살로
그리움을 애타게 일게 할 때
내 인생은 가을과 함께 익어가고 있다

가을이 되면
나뭇잎처럼 예쁘게
염색하는 흰머리로 가을바람이 이끄는 대로
발걸음 재촉한다

벤치에 앉아

낙엽을 보면
국화 향 그윽이 배어 있는
가을 햇살이 생각나고
임과 함께 앉았던 벤치를 회상하게 한다

흐르는 물과 같은 세월
되돌릴 수 없는 시간 속에서
지나간 젊음이 아쉬워 가슴 저민다

계절이 바뀔 때마다
나무의 나이테가 하나씩 늘어나듯
이마에도 주름살이 늘어간다

이제 만나야 할 사람도 없으면서
벤치에 앉아
외로움을 가슴에 안으며
다가오는 황혼을 맞이한다

가을 소나기

청명한 하늘에
하얀 구름을 밀어낸 먹구름이
스콜성 소나기를 한줄기 퍼붓는다

빨랫줄에 걸린 빨래처럼
내 마음에 걸려 있는 많은 문제들
변덕스러운 날씨에 마를 새도 없이
흠뻑 젖어 다시 가을볕에 널어야 하듯
잠시 비를 맞으며 생각에 잠긴다

삶의 욕망에 가려서
잠시 잊은 채
기승을 부리던 늦더위 되어
땀을 흘리게 하고
잠들어 있던 나의 꿈을 흔들어 깨우기도 한다

한줄기 비바람에 실려 온
가을의 향을
커피 잔에 넣어
시간의 벽을 넘어 추억 속을 여행한다

욕심 내려놓기

햇빛을 사랑해서
뜨거운 정열로 불태우면
푸른 잎 노랗게 물이 든다

황금빛으로 빛나는 은행나무는
가을바람에 속절없이 잎을 떨구어
시인의 가슴에 차곡차곡 쌓인다

내려놓고 비우기 시작하는 내 마음
쓸쓸한 가을을 친구로 삼아
낙엽이 떨어지는 가로수길을 걷는다

나뭇잎이 다 떨어지기 전
무거운 욕심일랑 내려놓고
가벼운 마음으로 행복 찾아 나선다

겨울로 가는 길에서

가을을 가득 채운 낙엽들
어깨가 무겁다

헐벗은 나뭇가지 끝에 매달린 잎새
쌀쌀한 바람에도 아랑곳하지 않고
마지막 가을을 사수死守하는 모습이 안타깝다

고즈넉한 초겨울의 풍경을 담고
공원 벤치에 외로이 누워 있는 낙엽
내 마음속 한 켠에 외로움을 몰고 온다

계절이 변화하는 길목에서
낙엽이 나뒹구는 모습을 보는 나목裸木
찬바람을 맞고 있는 나의 모습 보는 듯
밀려오는 감정의 물결이 애잔하다

되돌릴 수 없는 세월

세월을 뒤돌아보면
다시는 돌아갈 수 없는
지난 시절이 그립다

꿈처럼 행복했던 시절의 추억
되돌릴 수 없기 때문에
그리운 것이다

내 마음속에 보석이 되어
빛나고 있는 별처럼 아름다운 추억들
행복으로 반짝거리고 있다

지나온 삶이 아쉬움도 있었지만
남은 삶이라도 후회하지 않도록
하루하루 최선을 다해 살고 싶다

침묵과 희망

매 순간 정화되어
다시 태어나기 위해
어떤 아픔과 시련 속에서도
배우는 인내

나의 아집과 자존심
모두 내려놓을 때
옥죄던 절박감에서 해방이 된다

이 밤
고요한 침묵 속에서 나를 지켜보는
눈동자
희망의 여린 싹을 마음 밭에서 자라게 한다

가끔 몸이 고단하여 지치더라도
살아 있음에
두 손 모아 감사하며 어두운 밤을 지샌다

통증3

어느 날
손가락 마디가 비틀어지고
시도 때도 없이 통증이 괴롭힌다

발목도 지지 않으려는 듯
장단을 맞추어 기우뚱거린다

요즘
부쩍 통증과 함께하는
시간이 잦다

인생이 무르익어 숙성되면
맛깔스럽지만
나에게는 아픔만이 가득하다

홀로서기

무기력한 나를 깨우는
새벽비가 유리창을 두드린다

은구슬 같은 빗방울이
유리창에 앉아 흘리는 눈물
커튼 사이로 보인다

눈물이 마를 겨를도 없이
마음속 창문을 적신다

내 무릎에
옭아매어 있는 연緣줄을 풀고
홀로 정체성을 찾아 길을 나선다

흐르는 별의 꿈

흔적없이 사라질 꿈처럼
금세
바람은 꽃잎을 스쳐간다

정월 초하룻날
일출에 수놓았던 꿈들은
물 위를 스치는 안개 되어
다 부질없이 사라져갔다

어느덧 섣달그믐
서쪽 하늘 바라보면
돌아오지 않는 유성조차
지나간 꿈을 버리지 못하고
한숨처럼 길게 내뿜는 꼬리가 처량하다

제 5 장

얼어붙은 지구촌

얼어붙은 지구촌

추운 한파와 더불어
코로나의 새 변이바이러스 출현으로
겨울 왕국이 되었다

사람과 만나고 건물을 드나들 때
체온과 백신 접종을 확인하고
코와 입을 가려야만 하는 인간
코로나가 주의를 준다

나의 발목을 잡으려는 코로나는
버킷 리스트 목록을 찢어버리고
불안과 공포를 뿌려가며
지구촌 곳곳을 휘젓고 다닌다

아무리 코로나 세상이라지만
우리나라를 누비면서
추억을 소중하게 간직하고 싶은 생각
막을 수 있을까?

경자년庚子年을 보내며

사회적 거리를 두면서 살아가야 하는
비대면 세상이 되어
일상의 소소한 행복마저 잃어버린
한 해

신종 코비드19로
일상의 삶을 앗아간 해
세월의 뒤안길로 사라지고 있다

떠오르는 일출을 보며
새해의 소망을 다짐했던 게 엊그제
저물어 가는 길목에서 아쉬운 회한悔恨만 남는다

잊고 싶은 경자년
이산가족의 마음만은 따뜻하게 품고
코로나바이러스가 없는 세상에서
우리 함께 기쁘게 살 것을 기대해 본다

겨울을 보내는 봄비

겨울 동안 얼어붙은 마음
녹이려는지
봄비가 종일 내린다

파릇파릇한 새순들이 내민 얼굴
비를 맞으면서
만면에 미소를 짓고 있다

먼 산 골짜기에 얼음이 녹아
겨우내 얼어붙었던 물도
봄비에 녹아 노래를 한다

코로나19 팬데믹 속에 보낸 한겨울이
더욱 추웠지만
따뜻한 봄의 온기에
자연은 다시 계절의 시계를 돌린다

봄 길

대지에 꿈틀대는 생명
꽃이 되어 만발한다

꽃길을 걷다 가시밭길을 만나기도 하여
깔딱고개를 넘기도 한다

봄 길은 희망이요
생명의 길이기도 하지만
코비드19covid-19로
보고픈 사람 만나기도 힘들다

잎새의 노래

바다에는 윤슬이 있고
숲속에는 반짝이는 잎이 있다

햇빛 머금은 잎새
언제나 그 자리에서
바람에 흔들리며 노래한다

코로나19에 갇혀 사는
우울한 내 마음을 아는지
바람이 노래를 실어다 준다

햇빛과 바람을 벗 삼아
늘 그 자리에서 말없이 서 있는
나무는 나에게 삶의 노래를 가르친다

방콕 하는 여름

햇빛이 바다 위에 내려앉아
날 오라 손짓하며 유혹하지만
코로나 팬데믹으로 방콕하며 보낸다

코비드-델타의 위세는
지구촌을 두려움에 떨게 하고
일상적 풍경을 무질시하게 민든다

올여름
코로나바이러스보다 더 무서운 것은
집안에 스며들어 깨트리는 가정의 평화

어려운 일상에 위안이 되기 위해
방콕 하는 나날들
미사와 십자가의 길에서
삶의 의미를 깨닫게 된다

광안리 바닷가

코로나19로 인해
비대면 온라인 수업으로 바뀌어
문우들과 교수님의 모습이 그립다

생활 속 거리 두기로 인해
사람 사이에 만남이 줄어들어
마음도 멀어지는 것 같다

어깨동무하고서
바닷가를 거닐며 나누던 인정
점점 생활 속에서 사라지고 있다

수업하러 갈 때마다
늘 그 자리에 서서 반겨주는 광안대교
내 마음은 벌써 백사장을 거닐지만
아직 거리는 좁혀지지 않는다

태풍이 온다는데

코로나19로 일상이 망가져
허전한 마음이 더 울적하고
무언가를 잃어버린 것처럼 쓸쓸하다

성당에서 미사를 드려도
텅 빈 가슴에 채울 수 없는 공허함
허공을 맴도는 영혼 없는 마음 같다

태풍이 온다고 해서
훌쩍 자란 꽃나무를 잘라 버리려니
가슴 한 켠이 괜한 슬픔에 아프다

태풍이 가고 나면
미세먼지 없는 맑고 화창함에
외로운 마음 잠재우고
뜨거운 사랑이 찾아오겠지

가을날에

골목길 모퉁이
가을 햇살이 해맑은 웃음을 지으며
담장 너머 감나무에 내려앉는다

코비드19covid-19로 잃어버린 일상
위드 코로나로 마음을 설레게 하고
가을바람이 내 마음에 불을 지핀다

바다로 흘러 들어가는 강물이
모든 괴로움을 품고 가듯
나는 기쁨과 슬픔을 함께 품고
세월에 떠밀려 간다

강물처럼 흐르는 세월을 아쉬워하며
코비드19로 지친 마음을 걷어 들여
익어가는 가을 속을 홀로 걷는다

코로나가 가져온 일상

찻집에 앉아서
친구들과 마주 보고 웃을 수 있는 것이
축복이고 그리움이었다

사람을 만나지 못하고
방콕하며
안부는 스마트폰에서만 흐르고
풍선처럼 부풀어진 그리움

마스크 착용하고 나가더라도
사람들과 마주치는 것이 두려워
새장의 새처럼 갇혀 있다

코로나 팬데믹에
세계가 문을 걸어 닫고
멈춰 버린 일상
새로운 에너지조차
발산과 충전이 어려울 뿐이다

발열 체크

가족의 아침상을 차려놓고
아침을 먹는 둥 마는 둥
이른 시간에 성당에 오른다

성당 오르는 길옆에
연한 잎새들은 고운 옷 자랑하듯
내 눈길을 빼앗는다

성당 입구에 들어서는 순간
발열 체크가 시작된다
괜히 가슴조린다

'건강하십니다'라는 한마디에
안도의 웃음이 나를 엄습한다
교우教友들도 마찬가지다

따뜻한 체온에 실린 사랑의 마음을
서로 전한다
감사할 뿐이다

아름다운 미사

코로나19로
노래가 사라진 성전에서
들리는 천상의 소리

멋진 청년들이 모인 팀
'나무에 부는 바람'의 선율이
아름답게 가슴을 흔든다

마음에 울림이 있던 날
선율을 싣고 있는
미사가 감동이었다

마음껏 찬미로
아름다운 미사를 봉헌할 날을
또다시 손꼽아 기다려 본다

호수에 핀 물안개

코비드19의 긴 터널에서
갇혔던 일상을 벗어나
출사出寫가는 기쁨에
어릴 적 추억처럼 마음이 설렌다

삼각대 위에 챙겨 놓은 내 마음
촬영에 오가며 먹을 간식도 준비하고
일찍 잠자리에 든다.

새벽길을 달려 온 용담호
호수 위에 자욱한 물안개로
한 폭의 수채화를 그리기에 바쁘다

먼 산이 호수에 잠길 때
만추의 옷을 입은 나무들이 추위에 떨면
내 마음의 코로나 블루도 호수에 잠긴다

광야에서

온갖 유행병으로 가득한 세상
발목을 잡는 오미크론 변이에
나의 자아는 산산이 부서지고 말았다

이미 봄은 왔으나
광야를 헤매던 선택된 백성처럼
어두운 터널을 벗어나기가 힘들다

시어머니의 치매 앞에서
전매특허였던 나의 웃음은 사라지고
기댈 곳을 잃고 광야에서 길을 헤매듯 한다

광야의 선택된 백성들을
가나안 땅으로 인도하였듯이
내 삶에 그 분이 동행할 것을 믿는다

노래 교실에서

이 나이 되도록
가본 적이 없는 노래 교실
코로나로 지친 마음을 치유코자 노크했다

노래를 듣고 따라 부르며
흘러간 노래며 최신 유행가도 배우는
자체가 치유고 삶의 활력소가 된다

제대로 아는 노래는 없지만
모든 것 잊고 노래하는 그 시간이
나의 삶에 작은 기쁨과 위로가 된다

노래가 시가 되기도 하고
시가 노래가 되기도 하여
나의 시도 아름다운 멜로디와 함께
부를 수가 있다면 얼마나 좋을까?

▌발문▌

속삭임이 만들어 내는 사랑의 랩소디 Rhapsody

-김옥희 시인의 제3시집『정원의 속삭임』을 읽고-

최 원 철

(시인, 수필가, 부산대학교 명예교수)

몸과 마음이 아름다운 사람들이 사는 곳이 천국인지도 모른다. 눈을 뜨면 “따뜻한 햇볕이 얼굴을 간질일 때 / 살아 있음을 느끼는 아침”에 “모닝커피 한 잔”에 “사랑을 섞어 마시며” (하루를 시작하며 中) 하루를 시작하는 김옥희 시인이 아름답다. 김 시인이 먼저 시를 쓰기 시작하고, 남편 (민훈기)까지도 함께 시인의 길로 인도한 아름다운 삶을 창조해 나가는 여류 시인이다. 김 시인의 시적詩的 감각은 거의 종교적 신앙에서부터 우러나오는 것을 느낄 수 있다.「부부의 향기」에서 “신앙 안에서 / 한마음 한몸으로 / 같은 믿음에서 하나가 되어 익어왔기에” 시인의 깊은 신앙심을 가진 시인의 가정임을 알 수 있다.

김 시인은 부부끼리 시詩로서 서로 대화를 하기도 하고 서로 쳐다만 봐도 눈빛으로 부부의 마음을 알아보는 화목한 가정이다. 김 시인의「함께 가는 길」중에서 “눈빛을 보노라면 / 마음을 읽고 / 이야기꽃을 피울 수 있어 / 외롭지 않습니다"라고 고백하고 있다.

사랑하는 이를 부르는 호칭은 결혼 처음부터 부르는 것에 익숙해지면 살아가는 도중에 바꾸는 것이 매우 힘든 일임을 가끔 느낀다. 김 시인의 이번 제3시집에서 일상생활 중에 일어난 일들을 솔직하게 시詩로서 노래하고 있다.

우린
처음에 세례명으로 불렀지
당신은 가브리엘
난 유리안나

딸아이를 낳고서
아이 이름에 덧붙여
아빠란 호칭으로 불린 당신

신혼 시절부터
자기라는 말은 쉽게 하면서도
여보라는 말은 한 번도 부르지 못한
당신과 나

죽기 전에 자연스럽게
여보라고 부를 수 있을지

때에 따라 변하는 호칭인데
왜 이리 부끄러운지...

「호칭」의 전문

위 시詩의 제1연에서 "당신은 가브리엘 / 난 유리안나"라고 세례명에서부터 시작한다. 남편의 천주교 세례명은 "가브리엘"인데, "가브리엘"이란 천사의 이름으로 '하느님의 사람'이라는 뜻을 가지고 있다. 가브리엘 천사는 미카엘, 라파엘과 함께 대천사로 알려져 있다. 여기에서 김 시인의 세례명은 "유리안나 (혹은 율리아나)"이다. "율리아나"는 히브리어 미리암(Myriam)에서 유래된 말로 '하느님이 사랑하시는 여자'라는 뜻이다.

성녀 유리안나(율리아나, Juliana)는 1270년에 이탈리아 피렌체(Firenze)의 부유한 귀족 가문에서 외동딸로 태어났다고 한다. 어려서부터 남다르게 정숙하여 한 번도 거울을 들여다보거나 남자를 쳐다보는 일이 없었다고 기록되어 있다. 그녀는 성모 마리아의 고통의 길을 묵상 해오면서 마침내 「마리아의 종들 회」에 입회하게 되어 필립 베니지 성인으로부터 수도복을 받아 입게 되었다.

또한 율리아나는 성모의 종 수도회와 비슷한 자선활동에 헌신할 수 있는 복장을 하였으므로 "망토 수녀회(Mantellate)"란 별명을 얻었다. 그러나 120년 후에 그녀의 수도회가 정식으로 승인받게 되었다. 그녀는 71세의 일기로 선종하였고,

1737년 교황 클레멘스 12세(Clemens XII)가 그녀를 성인품에 올렸다. 그녀의 축일은 6월 19일이다.

위와 같이 성인 율리아나의 성품을 지닌 김옥희 시인이기에 천주교에서 세례명을 받게 된 것이 아닌가 생각한다. 하느님의 축복 아래서 두 사람이 가정을 이루게 된다.

결혼하여 가정을 이루고 아이들이 생겨 가족 앞에서 남편을 부르는 호칭이 조금씩 변하기 시작한다.

두 번째 연에서 변해가는 호칭에 더욱 눈길을 끄는 것은 "딸아이를 낳고서 / 아이 이름에 덧붙여" 'xx 아빠'라는 호칭으로 남편을 부르게 된다.

3, 4연에 보면 신혼 시절에 부르는 호칭은 일반적으로 "자기"라고 한다. 어원이 어디에서 왔는지 뜻의 유래가 있는 것도 아닌 "자기"라는 말을 젊은 세대에서 사용되고 있다. 그만큼 이 시기가 창의와 자유분방한 시대가 아닌 언어적 혼돈의 시기이기 때문이리라. 이것은 언어를 사용하는 사회의 철학적 의미나 규범의 세계가 흔들리고 편한 대로 살고 있는 현상인지도 모른다. "신혼 시절부터 / 자기라는 말은 쉽게 하면서도 / 여보라는 말은 한 번도 부르지 못한" 것을 언제면 자연스럽게 "여보"라고 부를지 알 수 없어도 "여보"라고 부르는 것이 "왜 이리 부끄러운지..."라고 말하고 있다. 60세가 넘어도 한번 몸에 밴 언어를 고치기에 이렇게 힘 드는 것을 엿볼 수 있다.

김옥희 시인은 꽃을 좋아하는 심성을 가지고 꽃들 속에서 속삭이는 언어를 듣는다. 이것이 시적 감성이 아니고 무엇이겠는가? 아름다운 여류 시인의 본보기가 아닐까 생각된다. 그는 한 가정의 주부로서 정서적인 정원을 가꾸고 있는 셈이다.

나 자신의 고요한 정원에서
수많은 꽃들과 교감하며
고독과 슬픔이 다가와도
경이와 기쁨 속으로 빠져든다

나무나 꽃들과 대화를 하면
새들이 찾아와 엿듣는 속삭임
그들의 모습을 시詩로 엮어내어
노래를 부른다

찬바람 불어와 기지를 흔들면
곱게 핀 꽃잎을 서럽게 떨어뜨리고
단풍으로 채색된 나뭇잎도
낙엽이 되어 계절의 뒤안길로 사라지면서
내년을 기약하는 희망을 버리지 말라고 한다

꽃처럼 예쁘게 자란 손녀
대를 이어 꽃밭을 지키며 속삭이는 모습이
대견하고 아름답다

「정원의 속삭임」의 전문

위의 시詩는 최근 보기 드문 전형적으로 아름다운 가정을 나타내는 시詩이다. 시인의 따뜻한 마음을 느끼게 한다. 살아가면서 가끔 "고독과 슬픔이 다가와도" 김 시인은 꽃들과 교감할 때면 항상 "경이와 기쁨 속으로 빠져든다"라고 한다. "나무나 꽃들과 대화를 하면 / 새들이 찾아와 엿듣는 속삭임"을 그는 시詩로써 엮어내고 있다. 시인은 "찬바람 불어와 가지를 흔들"거나 "곱게 핀 꽃잎"이 떨어지고 "단풍잎"이 떨어져 사라져가도 "내년을 기약하는 희망을 버리지 말라고 한다"

가정에서 "꽃처럼 예쁘게" 자라나는 꽃 같은 아이들도 꽃들과 속삭이는 모습을 볼 때 시인은 대견하고 아름답게 느끼고 있다. 모든 가족이 정원에서 꽃들과 자연의 속삭임을 듣고 진정한 가정의 아름다운 관계에 대한 깨달음을 말하고 싶었나 보다.

우리가 아무리 아름답게 살아가더라도 혼자 아름다워지는 것은 정녕 아름다움이라고 말하기 어려울 것이다. 아름답다는 것은 비교의 대상이 있어야 하고 그 대상에서 아름다움을 가지는 것으로 끝이 난다면 결코 아름다운 것이 무가치하게 되리라 생각된다. 즉 아름다움은 그것에서 나오는 참된 향기가 있어야 할 것이다. 김 시인은 일찍이 이러한 향기를 알고 있다고 말 할 수 있다. 그의 시 「향기」를 살펴보도록 하겠다.

꽃향기와
나무 향기에 둘러싸인 우리
어떤 향기 풍기며 살아가야 할까?

보이지 않아도
마음을 기쁘게 하는 향기香氣
내가 풍길 수 있다면 얼마나 좋을까

꽃향기에 이끌리는 벌·나비같이
좋은 향기 찾아 나선
나

인위적인 향수가 아닌
그리스도의 향기를 뿜어내는 사람 되려
남을 위한 희생의 향기를 찾아 나선다

「향기」의 전문

우리가 가지고 있는 삶의 향기는 각기 다르다고 말 할 수 있다. 고뇌에 빠져 허덕이는 자는 슬픔의 향기, 기쁨에 있는 자는 기쁨의 향기를 가질 것이고, 사랑과 희생의 향기를 지닌 자들은 그 향기가 더욱 아름답게 느껴질 것이다. 그렇기 때문에 우리들은 어떤 향기에라도 둘러싸여 있는 것을 김 시인은 말하고 있다. 김 시인이 바라는 향기는 남에게 드러나 보이지 않아도 남을 기쁘게 할 수 있는 향기를 가지기를 원하고 있다. "인위적"이고 가식적인 향기보다 "그리스도의 향기를 뿜어내는" 즉, "남을 위한 희생의 향기를" 추구하고 있다. 그 향기의 원천을 신앙에 무게를 두고 있다.

그렇다면, 김 시인의 삶에 아름다운 동행은 무엇을 나타내고자 함일까?

> 신의 섭리로 만난 사람
> 많은 세월 동안
> 아름다운 동행을 하고 있다
>
> 굳은 믿음과 사랑으로 결속된
> 시간들
> 아직도 변함이 없다
>
> 결혼하기 한 해 전
> 홀로 되신 시어머니의 외로움은
> 새 생명의 출생으로 치유되었다
>
> 노인성 치매로
> 최근의 기억을 못하시는 시어머니
> 아름다운 동행으로 길을 가고자 한다

「아름다운 동행」의 전문

김 시인이 만난 배우자가 신神의 섭리로 만나게 되었다는 신앙을 가지고 있다. 결혼 후 여러 해 동안 살아온 것은 남편과의 아름다운 동행이다. 이것은 신앙으로 결속되어 있었기 때문이다. 홀로 되신 시어머니와 동행이 시작되었다. 시어머니가 연세가 많아 "노인성 치매로" 기억 못하시더라도 김 시인은 시어머니와도 아름다운 동행으로 받아들이고 있다. 이것이 신앙인의 올바른 동행일 것이다. 더욱이 어려운 것은 시어머니의 치매에 겹치는 암 선고이다. 그러나 김 시인은 신앙으로 시어머니를 극진히 돌보며 동행으로 받아들이고 있다. 그녀의 시 가운데 「시어머니의 암 선고」에서 "42년간 미운 정 고운 정 들고 / 최근엔 치매 때문에 욕을 잘하셔서 / 정情 떼려나 하며 미워도 했"지만 김 시인은 며느리로서 "삶이 끝나는 날까지 /십자가를 짊어진 마음으로 / 못다 한 사랑을 베풀어야겠다"라고 말한다. 요즘 보기 드문 며느리의 신앙이다.

거울 속에는
나의 분신이
언제나 나를 바라보고 있다

기쁠 때는 온화하고
화날 때는 험상궂은 표정을 짓지만
마음 상태에 따라
보이는 게 다가 아니다

거울에 나타나는 겉모습은
하나로 일치할 수 있지만
위선이 아닌 진리를 택하는
나의 참모습을 거울은 알지 못한다

마음을 닦듯 거울을 닦으며
겉모습보다는 마음이 고운
내 모습을 거울에서 만나고 싶다

「자화상」의 전문

제1연에 "거울 속에는 / 나의 분신이 / 언제나 나를 바라보고 있다"는 표현은 시 문장의 정황으로 볼 때 인간의 손에서 만들어진 거울에 비치는 나 자신은 사고의 심미성審美性을 가늠할 수 있는 형태가 아님을 내포하고 있다.

제2연의 후반에서 거울에 비치는 자화상은 "마음 상태에 따라 / 보이는 게 다가 아"닌 것이 진정한 자화상이라고 말할 수 없다. 그러므로 제3연에서 거울에 비치는 모습은 겉으로만 보이는 모양을 말함이지, 은유나 상징성을 말하는 상징적인 비유를 말할 수 있는 이미지로 보기는 매우 힘들다. 즉 시인이 거울을 통해 보는 것이 현실이며 판단도 그 현실일 뿐이다. 그래서 김옥희 시인은 "위선이 아닌 진리를 택하는 / 나의 참모습을 거울은 알지 못한다"라고 말한다. 그래서 시인은 제4연에서 "마음을 닦듯 거울을 닦으며 / 겉모습보다는 마음이 고운 / 내 모습을 거울에서 만나고 싶다"고 말하듯이 거울에 비치는 모습 뒤에 진정한 자신의 모습을 보고 싶어 한다.

살아온 날들을 뒤돌아보며 시인은 참된 모습을 추구하려 애를 쓴다. 「욕심 내려놓기」의 시편 중에 "내려놓고 비우기 시작하는 내 마음 / 쓸쓸한 가을을 친구로 삼아 / 낙엽이 떨어지는 가로수길을" 걸으며 "나뭇잎이 다 떨어지기 전 / 무거운 욕심일랑 내려놓고 / 가벼운 마음으로 행복 찾아 나"서려 한다. 이뿐만 아니라 김 시인은 떨어져 있는 낙엽을 보고 생각을 한다. "…. 공원 벤치에 외로이 누워 있는 낙엽 / 내 마음속 한 켠에 외로움을 몰고 온다 // 계절이 변화하는 길목에서 / 낙엽이 나뒹구는 모습을 보는 나목裸木 / 찬바람을 맞고 있는 나의 모습 보는 듯 / 밀려오는 감정의 물결이 애잔하다 (「겨울로 가는 길에서」 中)"라고 토로한다. 그리고 시인은 「되돌릴 수 없는 세월」이라는 시편 가운데 "꿈처럼 행복했던 시절의 추억 / 되돌릴 수 없기 때문에 / 그리운 것이다"라고 말한다. 과거를 되돌릴 수 없기에 그립다는 절묘한 표현을 한다. 마지막 장에서는 자연 속으로 회귀하듯 "얼어붙은 지구촌"을 걱정하며 그 속에서 일어났던 추억에 관한 이야기를 회상하는 시詩로 꾸며져 있다.

나는 김옥희, 민훈기 부부가 서로를 시詩로써 의지해 가며 살아가는 것이 무척 부럽다. 여기에서 다른 사람들이 도저히 느끼지도, 알지도 못할 아름다운 시詩의 세계에서 사는 것이다. 사랑과 배려, 그리고 정원에서 속삭이는 꽃과 자연의 비밀스러운 소리까지 두 부부는 듣고 있다. 여기에서 갓 구워낸 시편들이 좋든 나쁘든 진실한 삶을 구워낸다는 것은 어느 사람도 쉽게 할 수 있는 일이 아닌 동시에 그 또한 능력을 갖출 수 있는 것도 아니다. 이들 두 시인은 시詩 속에 풍덩 빠져 행복을 누리고 있다.

아마도 이 시간에도 두 시인은 시詩에서 모락모락 피어오르는 향기와 내면의 속삭임을 들으며 시詩를 짓고 있을 것이다. 앞으로 더욱더 훌륭한 시성詩聖으로 자리매김하기를 원한다.

정원의 속삭임

2022년 6월 20일 인쇄
2022년 6월 25일 발행

시은이 | 김옥희
펴낸이 | 박중열
펴낸곳 | 다솜출판사
부산광역시 중구 대청로 135번길 10-1
TEL.(051)462-7207~8 FAX. 465-0646
등록번호 1994년 4월 22일 제2001-000001호

정가 12,000원

ISBN 978-89-5562-720-6 03810

※ 본 도서는 한국예술인복지재단 2022년 상반기 창작준비금지원사업 선정으로 발간하였습니다.